W0095642

BAND 43 DER EDITION LYRIK KABINETT

Herausgegeben von Ursula Haeusgen,
Michael Krüger und Raoul Schrott

Aleš Šteger

Über dem Himmel unter der Erde

Gedichte

Aus dem Slowenischen übersetzt
von Matthias Göritz

Carl Hanser Verlag

Himmel und Erde wurden zur selben Zeit geboren und alles Leben und ich sind eins. Wozu braucht es Worte, wenn alles Leben eins ist? Ich sagte gerade, dass alles Leben eins ist, also habe ich gesprochen, oder? Eins und das Wort sind zwei, zwei und eins sind drei. Diesen Gedanken fortzuführen überschreitet die Fähigkeiten des besten Mathematikers ...

Zhuangzi

Etwas

Etwas anderes machen,
Etwas anderes in etwas anderem finden,
Etwas Verborgenes, etwas nicht Offensichtliches
Etwas, das nie zuvor auf diese Weise,
Obwohl, zugleich, ohne ersichtliches Ziel,
Ohne einen im Voraus festliegenden Weg,
Etwas in etwas,
Etwas das hier und dort zugleich ist,
Ein anderes hier,
Es enthüllen, herbeirufen,
Machen, dass sich etwas selber macht,
Hier ist voll von anderswo,
Es quillt von anderem über,
Man muss es nur erkennen und zulassen,
So einfach alles,
Dass es fast schon unerreichbar ist für die,
Die zu sehr hier und jetzt sind,
Obwohl es nichts anderes gibt
Als hier, jetzt,
Doch anders,
Lediglich meine Abwesenheit ist greifbar,
Ich sage sie so,
Dass ich sie auslösche,
Bis ausgelöscht ein irgendwo ist, wo
Jemand gesprochen hat,
Der jemanden auslöscht,
Das hier und jetzt ausgelöscht,
Aus dieser Freiheit etwas
Anderes zu machen,
Ein anderes hier,
Ein anderes du,
Etwas.

UNTER DER ERDE

Der Junge

Hier kommt der Junge, der auf
Dem Halogenlicht spielt.
Wegen des Lärms
Kann man nichts sehen.
In stinkenden Kellern lässt er
Pflaster und Fischöl zurück.
Dies ist kein metaphysisches Zeitalter.
Dies ist kein Zeitalter für die Stimme.
Dies ist das Zeitalter für halogenen Lärm.
Nimm den Hering aus deinem Ohr.
Riechst du meine Angst?
In einer zerstobenen Pfütze
Geht die Vorhersage weiter.
Unser Zeitalter begann
Wie ein Zahnschmerz.
Es wird enden mit Halluzinationen
Von Mikroben im Dunkeln.

Kabuki

Eine Kneipenszene.
Die Hexe bläst und löscht die Laterne.
Dann folgt *danmari,*
Ein stilisierter Kampf im Dunkeln.
Die Bühne wird hell,
Die Schauspieler sehen,
Bleiben im Stück aber im Dunkel.
Wie wir,
Die wir unter den Zuschauern sitzen,
Wie wir,
Wenn die Aufführung endet,
Im Leben.

Zähneknirschen

Hochgeschätzter Doktor der Kultur!
Vögel fliegen unterhalb der Wurzeln.
Computer sind durchgeschwitzt,
An den Polen wachsen Löcher,
Und ein Taubstummer stürzt
Aus ihnen hervor,
Um die Sklera abzuschaben
Und die Scham aus unseren Augen.
Unsere Namen sind Proteine.
Wir sind glücklich, wenn wir sie verbrennen.
Verehrter Doktor,
International bekrankter Experte
Für Seelen-Manufaktur.
Ohne Zweifel sind wir dialogisch.
Werauchimmer zweifelt geht ins Loch,
Werauchimmer nicht zweifelt beschreitet den einzig gangbaren Weg.
Doktrinen gibt es nicht. Die Zeit der Erlösung bläst uns bereits
In den schmutzigen Nacken.
Der Tag kommt wie ein Gedicht
In einer verlorenen Sprache.
Ein barfüßiges Mädchen sticht sich
An einem vergessenen Wort
Und knirscht mit den Zähnen.

Zeit ist

Zeit ist ein Zugvogel.
Aber die Menschheit besitzt
Das Genom eines Steins.

Mensch und Wahrheit

Zwischen Wahrheit und Mensch
Wähle ich Warten.

Zwischen Warten und Mensch
Wähle ich Plastikblumen.

Ich bin nicht dumm,
Weil ich genial sein möchte.

Alles was ich will
Sind die steifen Penisse der Meteorologen.

Mögen sie präzise Vorhersagen machen,
Das Abschlachten meines Isaaks verhindern.

Das Lächeln der Dichter

Wieso lächeln unsere Dichter?
Es ist nichts Komisches an unserem Stamm.

Viele liegen ermordet in den Schluchten.
Unsere Frauen und Kinder hungern barfuß.

Uns mähen unbekannte Krankheiten nieder.
Neue Dörfer sind noch nicht gebaut, bald gibt es Schnee.

Trotzdem erlischt das Lächeln nicht auf dem Gesicht unserer
    Dichter.
Wie Heimgesuchte angesichts des Leids voll unbekannt geheimer
    Fröhlichkeit.

Wenn wir sie fragen, was gibt's da zu lachen, schmunzeln sie
    schweigend,
Genauso, wenn wir ihnen befehlen, uns aufzumuntern in
    dunklen Zeiten.

Den Grund des Lächelns halten sie geheim zu ihrer eigenen
    Unterhaltung.
Immer weniger vertrauen wir ihren seltenen Wörtern.

Wirklich geheimnisvoll ist das Lächeln unserer Dichter in diesen
    dürftigen Zeiten.
Hat sich ihr Geist umnachtet? Machen sie sich lustig über unser
    gemeinsames Unglück?

Ihr Lächeln schneidet manchmal grausamer als die Waffen
    unserer Feinde.
Sie liegen falsch, wenn sie denken, dass sie uns täuschen könnten.

Wir werden sie erst töten, wenn wir ihr Geheimnis aus ihnen
herausgequetscht haben.

Leben lassen wir nur die Schwätzer, die mit den ernsten
Gesichtern, uns am ähnlichsten.

Die Löschung des Endes

Alle Vergangenheit,
Auch dein Tod,
Findet sich in mir.

Erst wenn ich sterbe,
Wirst du endgültig umziehen
Zu Hermes und zu den Parzen.

Unsere Körper verschwinden
Erst mit unseren Nachkommen
Wie Schnee von gestern.

Wenn ich dich rufe,
Wenn du mich rufst,
Sind wir hier, im Schlupfwinkel der Zeit.

Alles ist vergangen,
Und die Löschung des Endes
In der Sprache ist Poesie.

Coda

O Tode, Tode, Tode,
Seid Flusssteine, Steine, Steine.

Wasser des Lebens,
Wasser der Liebe,
Wasser, das schleift, schleift, schleift.

O Flusssteine, Steine, Steine,
In mir, in mir, in mir.

Ohne euch würd ich nicht fließen,
Ohne euch würd ich nicht sagen,
Ich bin's, ich bin's nicht.

O Flusssteine, Steine, Steine,
Schwindend im Wasser, Wasser, Wasser.

O Wasser des Lebens,
O Wasser der Liebe,
Das zwischen euch verfließt.

Drei Haikus
am Fluss nahe des Ryoanji-Tempels
in Kyoto

für Ilma Rakusa

1.

Moos, Moos, Kiesel und Staub.
Unter der Erde sind Mensch und Wolke
Auf gleicher Höhe.

2.

Unter den Kieseln, Zeichen.
Nahbei überwächst Moos
Deine Anschrift auf Erden.

3.

Der Farn schreibt in der Luft
Die Namen des Namenlosen.
Das Moos ist weise, schweigt.

Allein auf der Welt

Warst du da?
Ja, sagt eine schwache Stimme.

Hast du auch so
Böse Dinge getan?

Ja, sagt eine schwache Stimme.
Du weinst.

Wo sind sie, diejenigen,
Die dir vergeben könnten?

Bist du wirklich ganz allein auf der Welt?
Die Stimme schweigt.

WWW

Die Spinnen des Herrschers weben
Ein unsichtbares Netzwerk um uns zwei.

Jemand auf einem anderen Kontinent
Liest insgeheim unsere Gedanken.

Durch die Tür ist nichts sichtbar.
Im Dunkeln sind wir kleiner als zwei Mücken.

Meine Hände greifen nach dir,
Tauchen in einen verschleierten Spiegel.

Als ich dich schließlich erreiche,
Umarme ich zugleich die ganze Welt.

Olympia

Übersetzt man eine Idee in den Körper,
Wird Greg Louganis zu Einstein.

Übersetzt man einen Körper in eine Idee,
Wird Einstein *Tralala Ufftata*.

Von welchen Göttern träumen die Schachgroßmeister?

Es wird Zeit, Liebes, dass wir alle teilnehmen
An dieser unerhörten Tätigkeit.

Lasst Bankiers mit Herzschrittmachern Marathon laufen.
Lasst nackte Sumoringer unser Schicksal entscheiden.

Lasst uns Beton mit den Köpfen durchbohren.

Jedes Zeitalter ist ein Superergebnis,
Es gibt keinen Grund sich zu beeilen.

Swimmingpool

Ein himmelblauer Uterus,
voll Wolken und Flugzeugspuren.

Plätscherndes Versprechen, dass wir alle einmal zurückkehren
    werden
Ins Fruchtwasser, und sei's auch chloriert.

Ich akzeptiere alles. Ich entsage allem.
Ich tauche ein in alles, nur in meinen nassen Bart gekleidet.

Ich schwebe in dir wie Abfall, wie ein totes Insekt,
Ein Benzinfleck, ein lahmes Spermium.

Und ich träume vom Fett, das gleichzeitig
In einer deiner Wiederholungen die gleichen Träume träumt von
    mir.

Vom Himmel aus betrachtet, bist du eine von unzähligen Tränen,
Gemalt auf die Maske des ermordeten Dämons.

O E

Der Herr sprach Berg.
Schnee fiel und bedeckte den Herrn.

Der Herr sprach Frühling
Und der kam aus den Bergen gerannt.

Der Herr verschwand in den Kronen der Kiefern.
Sommer loderte auf der Oberfläche des Sees.

Der Herr sah einen Mann,
Der badete sich im Herrn.

O   E
Murmelte der Herr.

Wie viel vom Herrn muss vergehen,
Damit ein einziger Mensch sich reinwäscht.

Beweisführung und Gnade

Ein Professor hat bewiesen,
Dass die menschliche Geschichte
Die Geschichte der kontinuierlichen Abnahme von Gewalttaten ist.
Grausame Höhlenbewohner, wilde Nomaden, Bauernaufstände.
Heutzutage beschäftigen wir uns nur noch
Mit Rohkost, sozialen Netzwerken, Gender-Gleichheit.
Da ist kaum genug Gewalt in der Welt,
Um die Tageszeitungen zu füllen,
Sagt der Professor gedankenverloren,
Und mit einer raschen Geste seiner rechten Hand
Schlachtet er die Mücke ab auf der Falte
Seiner scharf gebügelten Hose.

Einmal Hölle und zurück

Jemand
Fährt zur Hölle
Und zurück.

Klüfte, Monster, Prüfungen.

Der Ort, wo er seine Sandale verliert,
Leiht ihm den Namen.

HÖRFELD

Transit

Tokyo

Eine Wand wächst neben der anderen
Dicht wie die Nächte in Shinagawa.

Der Durchgang zu eng
Für die Glühwürmchen aus Worten.

Ich stecke im Leben fest,
Deshalb schreibe ich.

Ljubljana

Seit zwanzig Jahren beobachte ich
Die Hornissenkämpfe
Über der leeren Mülltonne.
Ich wohne
Unter ihrem rostigen Boden.

Kyoto

Selbst ohne Kyoto,
ohne Sehnsucht und Gepäck,
vermisse ich Bashō.

Berlin

Nadeln wachsen auf dem Fenstersims.
Wir sind vor den Vögeln geschützt.

Ein kalter Juliwind
Streut tote Seelen aus.

Keine Chance auszuruhen.
Und du, die das alles liebt.

Chengdu

Das Brummen eines Flugzeugs
Durchzieht den Garten
Mit der Strohhütte.

Tu Fu fand
Hier einmal Zuflucht
Vorm Krieg.

Zeit ist eine alte Frau voller Zahnlücken,
Die wortlos noch immer an der Tür
Auf ihn wartet.

Guadalajara

Schlafende Hunde im Sand.
Wie stille Mariachis
Kommen und gehen meine Erinnerungen.
Ich bleibe.

Nikosia

Ich höre, da fallen reife
Orangen in den Matsch.
Von der See umzingelte Menschen,
Geflochtener Stacheldraht.
Auch uns singt
Der eine und einzige Gott
Unendliche Wahrheiten
In unendlichen Sprachen.
Fünfmal am Tag.

Buenos Aires

21ster Stock.
Die Stadt ist eine alte Frau
In schwarzem Samt.

Buchstaben auf einem Blatt Papier,
Ameisen bedecken
Die anonyme Beute.

Nur dies ist sicher:
Niemand betet mehr.
Niemand atmet mehr.
Wie ein blinder Schneider
Durchschneidet eine Sirene den Horizont
Mit rostiger Schere.

Mit geschlossenen Augen bedanke ich mich.
Wir sind gerettet
Für noch einen Tag.

Beijing

In Beijing
Ist alle Poesie
Vernebelt,
Oben und Unten.
Die Sonne
Am Mittag
Die Dunkelheit
In mir
Sind eins.

Siracusa

Geschichtenverhext.
Athene und die Sündenreine zugleich.
Architektur ist Schmerz
Und überm Strand der Möwenschrei.

Das unparteiische Auge hungert
Nach Stuck, nach Putti, nach dorischen Kriegen,
In der Zeit verrückt, verlungert,
Die vor dem Heute schützten.

Schön schön schön ist es
Durch Syrakus zu wandeln,
Denn es war mal Aleppo.

Auf Bildschirmen Flöße, Leichen im Wasser.
Blind schau ich auf den gleichgültigen Stein,
Alles Vergangene seit je ist jetzt und hier.

Transit Code

Suvarnabhumi,
Shangri-la,
Du und dein Affe.

Doha, Beijing
Und Shanghai
Wieder in die fremde Welt nahbei.

Da ist ein Sitz, ein Flug-Coupon,
Nur ein Koffer, ein Bonbon.

Houston, Stansted, Mérida,
Lima, Tivat und Sana'a.

In einem Kopf sind immer zwei,
Du und dein Affe.

Löschung der Möglichkeiten

Der Mensch ist kein Punkt.
Der Mensch ist ein Schwanz.
In der absoluten Realität
Sind alle Szenarien
Möglich.
Unser Spektrum
Ist die Meeresenge.
Ein jeder von uns ist alle zugleich.
Aber zur gleichen Zeit
Sind alle Möglichkeiten
Nicht für uns.
O meine wunderbaren Blender!
O mein schöner Schwanz!
O die Vergangenheit,
Die auf mir sitzt
Wie eine Fliege auf der Nase.
Das Schicksal gibt uns
Unerträgliche Freiheit.
Daher ziehe und ziehe
Ich lieber hinter mir her
Die ganze Welt wie ein Rätsel,
Das ich erschaffen hab.
Nein, ein Mensch ist kein Punkt.
Die Wahrheit ist kein Pferd.
Ich versichere dies, unbeschlagen
Und ohne jeglichen Zwang.

Im Zirkus

Im Zirkus bekam ich
Ein magisches Quadrat.
Neun Symbole.
Ihre Summe ergab immer Tod.

Meine Mutter schickte mich
An deinen unbekannten
Aufenthaltsort
Für die Deutung.

Schon bevor ich lernte,
Wo ich suchen sollte,
Nahm ich die Gestalt
Deines Fortseins an.

Nabelschnur und Nachricht

Die Nabelschnur hängt noch
Zwischen den aufgegebenen Telegraphenmasten.
Die ganze Welt ein Uterus.
Die Lebenden und die Toten senden einander
Drahtlose Nachrichten.

Die Mühe der Raupe

Der Fehler ist
Teil der Perfektion.
Die Lüge Teil der Wahrheit.

Wozu dann die Mühe der Raupe,
Ein Schmetterling zu werden?

Zwei Zungen aus Regen

Wie beim Sex
Ist auch in der Poesie
Der Körper des Anderen
Mystisch unerreichbar.

Es gibt keine Gesetze,
Nur Abschiede.

Man muss alle Worte
Verlassen,
So wie das Wasser im Delta
Das Flussbett verlässt,
Das es sicher durchs Land
Geleitete.

Mögen zwei Zungen aus Regen
Mit dem Wasser buchstabieren.
Im Wasser, aus dem Wasser heraus,
Dass du bist, du bist.

Dank dir.

Ein Reh

Milch wird zu Asche.
Geschichte zu Vergessen.
Ein Reh isst Unkraut
Im Garten meiner
Toten Mutter.

Die Welt kennt keine Schuldigen

Vater ist die Folge meiner Worte.
Er wächst in Reagenzgläsern und Wolken.
Die Tür der Schuld und ein privater Fluch.
Ich sage ihm: in deinen Arsch.
Da steckt er drin und schaut sich aus dem Mund heraus.
Leben ist Ellipse und Oxymoron.
Es hat nicht mehr als fünf Worte.
Erstes: Liebe ist die Gleichgültigkeit der Meteorologie.
Da ist nichts verkehrt am Regen.
Zweites: Die Welt kennt keine Schuldigen.
Mein Stottern buchstabiert das Periodensystem.
Drittes: Frei zu sein auf der Farm der Götter.
Glück ist wenn ich entmiste.
Viertes: Ich wiederhole immer wieder meinen Vater.
Er breitet sich aus wie Karies und Architektur.
Fünftes: Es gibt keine Gerechtigkeit nur Revolution.
Oxymoron ist Leben in Ellipse.
Es hat nicht mehr als fünf Wörter.
Das sechste bleibt ihm tief in der Kehle stecken.
Und das siebte ist, angeblich, unverdaulich und still.
Ellipse als Oxymoron des Lebens.

Gebrochen mit Darwin

Ein evolutionäres Theorem.
Von Darwin
Vertreten.
Der Mensch entwickelt sich
Zum Affen.
Am Ende erwarten mich
Keine Bananen.

Auf der Flucht

Ich hab ein zerrissenes Herz.
Zerrissen mein Blatt Papier.

Wind und unbekannte Straßen.
Meine Geschichte verschwindet noch mehr.

Ich hab viele Namen.
Und ein paar Vögel aus Papier.

Mit Klebe verpflastertes Herz, das hab ich.
In der Tasche gefälschtes Papier.

Ich verdiene was anderes.
Verschwinde im Rechtsnichts.

Ich hab ein zerrissenes Zuhaus.
Was will man mehr: ein wenig Klebeband.

Ein unerreichbarer Baum

Ein Gedicht hat sich
Eingenistet in meinem Kopf.
Wo ist es zu Hause?
Überall.
Wann existiert es?
Immer.
Wenn alle Gedichte
Immer überall sind,
Wie kann ich wissen,
Dass das Gedicht
In meinem Kopf
Wirklich meins ist?
Tschieptschieptschiep
Es zwitschert spöttisch
Aus einem unerreichbaren
Baum.

Süßer Schnee

Aus Händen
Blutig vom
Wilden Johanniskraut
Und trunkenen Trauben
Erhielt ich die Botschaft,
Alles sei mit allem verwandt
Und ist so zugleich
Gut und böse.

Weh mir.
In was verwandelt sich Lehm,
In was Atem,
Wenn der süße Schnee
Mich bedeckt?

Herkunft

Jeder von uns
Kommt von irgendwoher,
Jeder kommt dauernd
Von irgendwo
An.

Wir hören nie auf
Anzukommen, zu singen, jeder zu sein.

Sterne, Flüsse, Berge
Bieten bloß unsichere Orientierung.

Nur das, was du bei dir trägst,
Was du nicht schaffst
Nicht in dir zu tragen,
Wenn du ankommst und ankommst
Andauernd,
Nur das ist,
Nur das –
Der einzige Ort.

Alles andere von irgendwo,
jeder, nach irgendwohin.

Sei du gepriesen,
Undefinierbarer und freier
Lauf unseres Wegs.

Himmel

Die Sonne steckt fest
In der Krone der hundertjährigen Eiche.

Wenn ich mich doch
Zurückziehen könnte immer wach

In ihren klaren Schatten,
Den Himmel im Blick.

ÜBER DEM HIMMEL

Ein weißes Hemd

Ich habe ein weißes Hemd.
Mitten in der Nacht
Leuchtet in ihm ein dunkler Körper.

Weiß ist die Grenze.
Hier lebe ich.
Dort werde ich gesprochen.

Ich habe ein weißes,
Schneeiges,
Engelsgleiches Hemd.

Ich schlage den Kragen um.
Öffne den Knopf.
Rolle die Ärmel hoch.

Sprache macht sich schmutzig.
Der Engel macht sich schmutzig.
Die Seele macht sich schmutzig.

Aber ich lebe noch immer
In meinem schneereinen,
In meinem vollkommen weißen Hemd.

Die Wiese und das Kind

Sieh, wie sich die Berge erheben!
Berge erheben sich nicht, Berge sind.

Sieh, wie der Regen gemacht wird!
Aber der Regen wird nicht gemacht, er ist.

Sieh, ein Tag wird geboren.
Aber ein Tag wird nicht geboren, ein Tag ist.

Ich lief durch diese Wiese wie ein Kind.
Nun läuft mein Sohn durch sie. Älter geworden.

Aber es war gar nicht ich, der durch sie lief.
Ich bin.

Kohle

Wie unberührter Wald
Wurden auch wir Kohle.

Du, die du in dich gehst,
Erinnere dich an die Echos.

Wer immer in Zeit gräbt,
Verletzt die Ewigkeit.

Elementare Regeln

Vernunft hat einen Wunsch,
Steuert aber
Mein Schicksal nicht.

Die Seele kann das Schicksal
Steuern;
Aber sie hat keinen Willen.

Ich stecke die Vernunft
In eine schwarze Aktentasche
Und meine Seele hinters Ohr.

Wenn ich allein spazieren geh,
Klappert es in der Tasche.
Jemand flüstert mir zu.

Der Schatten

Ein Mensch ist ein Schatten,
Den ein Buchstabe wirft.
Der Buchstabe kommt überallhin.
Der Schatten verlässt nie
Die Höhle.

Ich fühle alles

Esoterischen Theorien zufolge
Ist die menschliche Aura unendlich,
Verwässert aber mit zunehmendem Abstand.

Ich habe gerade jemanden gestreift
Am anderen Ende des Universums.
Und umgekehrt bin ich das Resultat aller Berührung.

So viele Begegnungen, so viel Unausweichliches!
Gut, dass mein Verstand begrenzt ist
Und mein Name unübersetzbar.

Hinter einer Gardine

Manchmal wird es dunkel auf der Erde.
Dein Zuhause tief im Dämmer.
Hinter der Gardine, Fata-Morgana-gleich,
Ein kleines Licht im Dunkeln.

Wer immer *Hoffnung* hegt liegt falsch.
Es flackert, dass du deinen Schatten spürst,
Blinder Teiresias, der seine Finger tränkt
In Letternschwärze. Risse tastet. Spuren folgt.

Niemand

Wenn ich spreche, gebäre ich Chaos.
Es klettert aus meinem Mund.
Worte verbergen es nur kurz.
Die Böen der Zeit blasen sie fort.
Chaos steht auf und wächst.
Möge sich mein Auge nicht schließen,
Wenn Polyphem mich verschlingt.

Tür

Ich traue mich nicht
Nichts zu tun.
Es ist schrecklich.
Was all das
Kleine Nichts
Mit uns anstellt.
Besser man flieht
In die Worte,
Wo der kleine große Mann
Und das miniatürlich
Immense Nichts
Gezähmt sind.
Selbst wenn ein Wort dich
Manchmal in die Sackgasse führt.
Es gibt immer eine Tür.
Wer kann
Schon schreiben,
Was sich dahinter befindet?

Ein Ort

In dir ist ein Ort
An dem du heimlich wohnst,
Verbotene Scherben,
Ein Ort an den
Niemand gehen darf.

Nichts ist süßer
Als ein vorbeiziehendes
Reh zu sein,
Das diesen Ort beleckt
Mit blutender Zunge.

Die Dichter

Ein alter Dichter schaut auf sein Leben zurück,
Sagt, das einzig Unausweichliche war im politischen Sinn
Position zu beziehen zur Revolution.

Ein anderes Mal sagt ein anderer Dichter,
Ich fühlte die historische Notwendigkeit zu schreiben,
Er sagt, es war als ob es mich schreiben würde.

Ein anderer Dichter wiederum wägt ab im Stillen.
Was immer ich gesagt habe, sagt er, was immer ich schrieb,
War ein Fehler und Schweigen mein einziges wahres Zuhause.

Reden Sie keinen Scheiß, sagt ein Dichter nachts,
Wir sind die Funktion des Absoluten, das uns übersteigt,
Und als solche nichts Besseres als Hamster im Rad der Sprache.

Ich aber habe nach Kräften mein Bestes gegeben,
Sagt ein Dichter, schon am Rande des Wahns, ins Leere tastend,
Ohne zu wissen wohin und warum, immer aufs Neue, immer
    wieder.

Ein wenig Verstand schadet nicht und genauso wenig ein wenig
    Humor,
Widerspricht ihm ein anderer Dichter, mit all dem meta-
    physischen Kram aufzuräumen,
Sich reinzubeißen, sich mit meiner Ära schmutzig zu machen,
    das war meine Mission.

Ein junger Dichter schaut krampfhaft auf all seine Wünsche.
Ein alter Dichter schaut erhaben auf das, was er schrieb.
Ein Dichter der mittleren Generation schreibt, er schaut nicht.

Schraube

Lieber Vater, du weißt doch, dass ich weiß,
Dass mein kleiner Sohn weiß, dass nichts bleibt,
Kein Wort, kein Körper.

In deinem Körper lebt die Erinnerung an den Leichnam deines
    Vaters,
Der nie das Bild aus seiner Jugend vergessen konnte,
Von Würmern, die aus dem Schädel seines Vaters krabbelten.

Ich schau dich an, der Kopf in Verbänden, auf dem Krankenbett,
Und weiß, lieber Vater, dass alles umsonst ist, alles umsonst,
Es bleibt nichts, nicht das Wort, nicht der Körper.

Haut verwest, die inneren Organe verflüssigen sich,
Das Gewebe und die Muskeln werden Kompost,
Und bald sind auch die Knochen nichts als Staub.

Du bist der Sohn meiner Erinnerung, Vater, ich bin der letzte
    Zeuge
Deines Vaters, mein Sohn bürgt für deinen Verfall,
Der dauert, solange ein Mensch am Leben ist sich zu erinnern.

So werden zu Nichts Körper und Worte.
Alle Mühe umsonst. Nichtig. Und grotesk all
Die Anstrengung, damit alles noch einen Moment länger dauert.

Gestern haben sie dich operiert, eine tote Schraube
In deinem gebrochenen Kiefer versteckt, einen kleinen Wurm aus
    Titan,
Der einmal als einziger Überlebender Zeuge wird

Für den verschwundenen Sohn, die verschwundene Sippe,
Den verschwundenen Ort, wo sich einst, lieber Vater,
Vergessene Worte trafen und Körper im Verhängnis.

Das Wort ebenso

Das Zimmer ist hell
Und das Wort ebenso.

Vor der Tür ist ein Schicksal
Und ein Abschied ebenso.

Was wird das Wort
Fortuna mir kaufen?

Vorbildlich verpackt.
Und das Gepäck ebenso.

Das Zimmer ist leer.
Das Zimmer ist hell.

Genauso ist das Glück,
Hell und leer.

So bin auch ich.
Und das Wort ebenso.

Eine Schale, alle Schalen

Liebe ist
Eine kleine Katze,
Die Wasser trinkt
Aus einer Schale mit Sprung.

Berg

Dieser Berg hat einen Namen und keinen.
Hat einen Namen, der sich dauernd entzieht.

Keinen Namen, nur stumme Falten
Von noch einem täglichen Verlust.

Vergeblich sprichst du zum Kahlschlag der Kiefern,
Vergeblich zu den schwarzen Bäuchen der Wolken.

Der Name des Berges entzieht sich andauernd,
Lehrt dich, ohne Absicht, ohne Grund

Zu suchen, zu rufen, zu schreien,
Zu verzweifeln, mit der Verzweiflung zu spielen.

Berg Berg Berg vor mir.
Schutt Schutt Schutt in mich.

Ins Innere, wo's viele zerschlagene Schatten gibt,
Viel Schutt, keine Bäume.

Aus dem Schutt wächst ein stiller Fels.
Aus dem stillen Fels ein fester Berg.

Dieser Berg hat einen Namen und keinen.
Hat einen Namen, der sich dauernd entzieht.

Berg Berg Berg in mir.
Schutt Schutt Schutt überall.

Eine halbe Stunde

Was ist die halbe Stunde,
Wenn alles zerfällt in zwei Teile.
Der Apfel, das Leben,
Der nur dir ersichtliche Weg.

Ein halber Vogel kommt geflogen,
Die Hälfte der Erinnerung
Geht auf, verschwindet,
Auch Mutters, Vaters Hälfte.

Ich lernte die Kunst
Des Verlierens und im Verlust
Mit einem blinden Wort
Verlorenes herbeizurufen.

Mehr kann es nicht, ein Gedicht.
Einzugehen, wo die Kraft wächst,
Die die eigene Zeitwunde heilt.
Kennst du sie, Liebes?

Über dem Himmel unter der Erde

Soll ich auf den grauen Himmel fallen,
In den blassen Strich übers Grau,

In die Spur, die hinter dem Rücken des Gefühls verrät,
Dass es nicht existiert, und deshalb kehrt es wieder.

Soll ich fallen, verschwinden im Dazwischen
Wie eine Maus im Nachtmehl, schlaflos?

Und nie mehr wach sein außer in Lettern.
Soll ich fallen und fallen und gehen,

Weil ich das Zurückkommen liebe, weil ich bin
Über dem Himmel, unter der Erde, für immer.

Totes Kätzchen

Grab nicht im Stein, blauer Junge.
Dein Werkzeug ist zu stumpf für dich. Und zu alt.

Grab keine Löcher in die festgestampfte Erde, grüner Junge.
Der Same, den du eingräbst, wird nie keimen.

Press nicht die Augen zu, roter Junge.
Deine Mutter ruht unterm Dornstrauch.
Und deine Brüder wachen nie wieder auf.

Man wird noch viele Löcher brauchen, weißer Junge.
Viele zähe Jungen so wie dich.

Streichle das tote Kätzchen nicht, schwarzer Junge.
Lass es schlafen.

Mutter unser

Mutter unser,
Die du bist in Körpern,
Zerstörung sei dein Name.
Komm zumindest zu mir
In deiner Verbannung,
Deine Gewalttat geschehe
In Armut wie im Überfluss.
Wirf uns wenigstens heute
Ein kleines Bröckchen zu
Und vergib mir
Momente der Schwäche,
Wenn ich versuche, dem Leben mehr
Zu stehlen, als du gibst.
Führe mich nicht wieder ins Leere,
Meine Knochen werden zu Staub,
Wenn du mich streichelst,
Mutter.

Vor der Station der Metro

Gefallene Ginkgoblätter,
New York, Nazis,
Ein anderes Stillleben,
Die zahme Geschichte.

Auch sind wir keine Geiseln,
Kongo, Makkabäer, Rom.
Wir wärmen uns an der
Sicherheit der Lüge.

Gefallene Ginkgoblätter.
Nach Millionen kommt noch jemand.
Und Goethe nach Guantanamo.
Goethe nach Guantanamo.

Mein kleiner Gott

Bei der Geburt
Versteckte sich in mir
Ein kleiner Gott.

Ich ändere mich dauernd,
Er aber bleibt die ganze Zeit
Er selbst.

Wir überlagern uns nicht ganz.
Oft ruf ich ihn.
Doch er kommt nicht.

Manchmal greift er aus mir
Und streichelt andere Götter
Ohne dass ich's merk.

Er ist nicht schlecht, mein kleiner Gott,
Obwohl er unverstanden ist und oft allein.
Er tut mir leid.

Ich möchte nicht in seiner Haut stecken,
Er aber steckt in meiner,
Deshalb bin ich ihm dankbar.

Hälfte des Lebens

Zwei kleine Tauben
Kamen angeflogen
Mitten
In mein Leben.

Zwei stille Geister,
Ein Niewieder,
Ein Immerzu.

Ich beeilte mich
Die Fenster in mir
Aufzuschließen, zu überprüfen,
Wer das Trugbild war.

Dunkel schwillt Westen.
Im Wind gebeugt
Vergänglich sind die Städte.

Ich blieb ohne
Das Taubenpaar allein
Mitten
In meinem Leben.

Die Sonne schreitet hinter mir her

Heute ist jeder Montag.
Heut Abend werden wir ausgehen.
Ich liebe und bin in den Worten
Der Sonne, die kommt und die geht.

Heute ist jeder Montag,
Noch ein Leichnam im Schlamm.
Ich aber, ich bin ein Same,
Die Sonne nimmt mich in die Hand.

Sturer als Staub und als Unkraut,
Frei um ins Neue zu gehen.
Immer stiller und immer gewagter.
Die Sonne schreitet hinter mir her.

Ich lieb dich mit einem Nachtlicht.
Ich liebe, denn ich bin das Exil.
Ich liebe mit all dem Stockdunkel.
Die Sonne schreitet hinter mir her.

Wenn das Gras wieder das Moos weckt
Und der Fluss erlesen erzählt,
Wenn ich, wenn wir zwei nicht mehr sind,
Schreitet die Sonne hinter mir her.

Heute ist jeder Montag,
Heute gehst du wieder aus.
Tritt durchs Stockdunkle
Zur Sonne, die kommt und die geht.

Das kleinste Herz

Ich hab ein Herz.
Ein winzig kleines Wespenherz.
Ich bin so froh, dass ich es hab.
Ist es für andere auch unsichtbar,
Ich hab's und fühle
Jedes Pochen seiner Liebe.
Ich liebe mit dem Herzen und jenseits davon.
Das ist die Doppelnatur des Glücks.
Eines winzig kleinen Glücks, das mit dem Pochen
Meines Wespenherzes wächst,
Und der größeren, allumfassenden Freude,
In der die erste Liebe ertrinkt.

Psssst, horch, wie wild und frei
Mein Wespenherz pocht
Im Meer des süßen süßen Safts.

Widmung

Sohn,
Wenn du aufwachst,
Rennen die Pferde weiter
Durch deine Träume.

Fünf Behauptungen

Fünf Behauptungen,
Das ist alles, was
Die Jahre angespült haben.

Erstens: ich habe dich geliebt
Noch bevor ich existierte.

Zweitens: mein Leben
Ist ein Tropfen schwarzer Tinte in endloser Nacht.

Drittens: es gibt kein Ende,
Nur schneebedeckte Berggipfel.

Viertens: die See kümmert sich
Nicht um uns.

Zum Schluss: es gibt kein Ende,
Nur die Gletscher sterben.

Matthias Göritz
Vom Unausweichlichen

Nachwort

> *Alles ist vergangen,*
> *Und die Löschung des Endes*
> *In der Sprache ist Poesie.*

Dichtung ist der Ort, an dem man lernt, das Paradoxe auszuhalten.
Woher kommt die Sprache? Aus dem Mund? Wenn wir ihn
öffnen, dringen Laute hervor, und Laute formen sich zu Wörtern.
Wenn wir den Mund schließen, bleibt etwas verborgen. Das
Schweigen ist eine Existenzform, die sich bestimmte Eremiten zum
Erkenntnisgewinn auferlegt haben. Auch Schreiben kann etwas
Ähnliches sein, eine innere Einkehr, die dem Anderen, z. B. der Na-
tur, Platz lässt.

> *Der Farn schreibt in der Luft*
> *Die Namen des Namenlosen.*
> *Das Moos ist weise, schweigt.*

Ist »Über dem Himmel unter der Erde« also ein Weisheitsbuch?
Ursprünglich sollte der Gedichtband den Titel »Buch vom Unaus-
weichlichen« bekommen. Was aber ist unausweichlich? Das Spre-
chen, das Schweigen, der Tod? Ein fast religiöser Ton schwingt in
diesem Titel vom Duktus her mit; als »Buch vom Unausweichli-
chen« hätte man es auf den ersten Blick dann vielleicht auch so ge-
lesen: als Buch der allerletzten Dinge nach dem »Buch der Dinge«
(Knjiga reči) und dem »Buch der Körper« (Knjiga teles) – beide
Gedichtbände waren geprägt von einer überraschend staunen-
den Haltung gegenüber den Dingen, dem Leben, der Sprache.
Auch hier war aber schon von der Fleischwerdung der Wörter die
Rede, wurde das Schreiben in seiner Vertiefung zum Ablauschen

des Randgebiets der Worte: »Sachen schreibt man mit den Augen/ Dinge mit den Ohren«, hieß es im »Buch der Dinge« ganz lapidar. Auch hier war die Sehnsucht zu spüren, mit der Poesie ein ganz anderes Reich zu betreten, eine Reise ins Unbekannte anzutreten.

Aleš Šteger, geboren 1973 in der Stadt Ptuj, ist der meistübersetzte slowenische Autor seiner Generation. Sein erster Roman, *Odpusti*, erschien 2016 auf Deutsch, *Archiv der toten Seelen*. Seine Gedichte und seine Prosa verwandeln und erweitern unsere Erfahrung, dabei betritt er mit Vorliebe literarisches Neuland. Neben vielen anderen Auszeichnungen erhielt er den *Veronika-Preis*, den *Horst-Bienek-Preis für Lyrik* und den *Best Translated Book of the Year-Award* in den USA. Im Jahr 2018 ist sein Roman *Neverend* erschienen, eine deutsche Ausgabe ist in Vorbereitung. Jedes Jahr sucht Šteger sich einen Ort aus, an dem er durchlässig wird, an dem er die Menschen beobachtet, wie sie die Risse ihres Lebens, die Risse dieses Ortes, seine Paradoxien aushalten, dies »Logbuch der Gegenwart« führte in seinen ersten Stationen u. a. nach Belgrad, Fukushima und Mexiko City. Es sind die zugleich direktesten und poetisch präzisesten Texte, die ich kenne. Šteger, der Vielgereiste, lebt in Ljubljana, wo er als Programmleiter für einen großen Verlag arbeitet, Festivals konzipiert, vor allem aber Lyrik schreibt und übersetzt.

Ljubljana

Seit zwanzig Jahren beobachte ich
Die Hornissenkämpfe
Über der leeren Mülltonne.
Ich wohne
Unter ihrem rostigen Boden.

Die Welt liegt in all ihrer Schönheit, Grausamkeit, Vergeblichkeit direkt vor unseren Augen. Man beobachtet sie – und irgendwann danach versucht man sie zu erfassen. Aber dieses Danach ist zugleich ein Davor. Wie vor dem Mund die Welt als Nahrung auftaucht, gesehen, gelesen, gegessen, aufgenommen, verwandelt, verdaut wird, wie sich Alpha und Omega als Buchstabengeflecht alphabetisch, genetisch und prophetisch immer wieder weiter als Anfang und Ende begegnen, sich zu Text vermehren, im Gedicht ausbreiten oder reduzieren, so wird in den Versen von Štegers neuem Gedichtband auch das Staffelholz der Generationen weitergereicht; vom Vater zum Sohn (*Schraube, Die Wiese und das Kind, Widmung*), von der Mutter zum Kind (*Eine halbe Stunde, Mutter unser*), von den alten zu den jungen Dichtern (*Die Dichter*), vom Buch zu den Büchern. Das könnte etwas Tröstliches haben, aber dann würde man vergessen, dass das Leben kein olympischer Sport ist – sondern dauernd auch etwas merkwürdig Morbides an sich hat.

Nabelschnur und Nachricht

Die Nabelschnur hängt noch
Zwischen den aufgegebenen Telegraphenmasten.
Die ganze Welt ein Uterus.
Die Lebenden und die Toten senden einander
Drahtlose Nachrichten.

Štegers »Über dem Himmel unter der Erde« ist ein Buch der Verschlingung von Totem und Lebendigem. Aber mit einer kleinen, entscheidenden Öffnung, die auch im Mund ihren Ausgang hat: dem Ausweg, der sich durch Dichtung bietet, die ja immer zugleich spricht und gesprochen wird: von der Liebe. Davon handeln die Gedichte dieses Buchs von Aleš Šteger ebenfalls, es sind Texte, die noch einmal anders sprechen als die großen surrealistischen Sprachakte aus dem Mund der Dinge, direkter, unverblümter, rauer auch als die Bildexperimente und Prosagedichte aus dem »Buch der Körper«.

Wie beim Sex
Ist auch in der Poesie
Der Körper des Anderen
Mystisch unerreichbar.

Es gibt keine Gesetze,
Nur Abschiede.

heißt es im Gedicht »Zwei Zungen aus Regen«. Und weiter:

Mögen zwei Zungen aus Regen
Mit dem Wasser buchstabieren.
Im Wasser, aus dem Wasser heraus,
Dass du bist, du bist.

Dank dir.

Aleš Štegers Gedichte sind immer auch Wunderkammern. In ihnen sammeln sich Eier, die sprechen, mit dem Frieden und der Liebe grüßende Fußmatten, Scheibenwischer in existentiellen Melancholiemomenten oder Händetrockner, die die ganze heiße Wucht der Wüstenwinde in sich binden.

Es geht Šteger um das Aufscheinen des Überraschenden, einer Wendung, einer Einsicht, eines Bildes. Der Dichterkollege Durs Grünbein formulierte es in seiner Laudatio auf Aleš Šteger anlässlich der Verleihung des *Horst-Bienek-Preises* präzise:

»Was überrascht einen Dichter? Die Frage erhebt sich als erstes, weil ich glaube, dass Aleš Šteger einer ist, der sich gern selbst überrascht und von den Ereignissen überraschen lässt. Seit ich ihn lese, weiß ich, da schreibt einer, der es mit dem Zufall aufgenommen hat. Er steuert auf Konstellationen zu, in denen sich blitzartig die Vielfalt des Lebens erhellt. Seine Gedichte, seine Prosa – das eine ist für ihn nicht vom andern zu trennen – sind auf der Suche nach der unmittelbaren Einsicht, in Philosophenkreisen Evidenz genannt. Der Bildkomplex ist der Kern seiner Poetik. Das

Bild, das eine Fülle von Ansichten enthält, eine ganze Galerie von Bildern.«

Geprägt ist der Leser und Übersetzer Aleš Šteger neben der deutschen Lyrik, die er übertragen hat – u. a. Gottfried Benn, Ingeborg Bachmann und Durs Grünbein –, vor allem von der bildlich reichen Sprache des Surrealismus der spanischen und lateinamerikanischen Lyrik. César Vallejo, Octavio Paz, Pablo Neruda und Federico García Lorca sind da zu nennen, in deren Tradition Šteger auch die Perspektive des in der verwalteten Welt immer wieder niedergewalzten Kleinen verteidigt, der Stimme des Kindes. Oft beobachtet man eine Figur, oder Šteger verfremdet ein Stimmungsbild. Durch die japanische Form der Haiku-Anspielung wird aus dem kurzen, bildhaften Reisetext Sprachkritik.

Kyoto

Selbst ohne Kyoto,
ohne Sehnsucht und Gepäck,
vermisse ich Bashō.

Oder:

Tokyo

Eine Wand wächst neben der anderen
Dicht wie die Nächte in Shinagawa.

Der Durchgang zu eng
Für die Glühwürmchen aus Worten.

Ich stecke im Leben fest,
Deshalb schreibe ich.

Im Prozess des Übersetzens, des Nachschreibens, des Ent- und Bekleidens des Textes und seiner Struktur mit den Wörtern, Allusionen, Anspielungen einer anderen Sprache, verändert sich vieles: der Ausgangstext, die Übertragung, die Dichter und Übersetzer, deren Bilder und sprachlich-kulturell ausgestatteten Räume plötzlich auf mehrfache Art überlagert scheinen. Wenn man Glück hat, stößt man dabei auf etwas Unbekanntes, kreiert einen neuen, dritten Raum.

Novalis und Walter Benjamin sprechen in ihren Fragmenten und Essays über diese teils paradoxe, teils utopische Bewegung des Übersetzens: über das Öffnende, die Fahrt ins Unbekannte und das Anlanden an diesem dritten Ufer – das nun im übersetzten Text nicht mehr der Text des Dichters und nicht der Text des Überträgers ist, sondern sich so weit durch diese Begegnung zweier Sprachen angereichert hat, dass das, was die Dichtung als Raum auszeichnet, in ihm noch deutlicher sichtbar wird. Was früher in zwei Sprachen steckte, wird nun eine dritte; zumindest ist das die Hoffnung, die mich als Dichter immer wieder gereizt hat, gerade Aleš Šteger zu übersetzen.

Nach »Buch der Dinge« und »Buch der Körper« – und die Buchform des Titels verwies dort ja bereits auf den ironisch gebrochenen Versuch, noch einmal Totalität herzustellen – ist »Über dem Himmel unter der Erde« nun ein drittes ›Buch‹ in dieser Reihe. Ein Buch vom Unausweichlichen, Unabgeschlossenen, Unbegreiflichen. Es scheint mir verwandt zu sein mit dem Versuch Štegers in seinem großartigen Experiment des »Logbuchs der Gegenwart«, sich wirklich auszusetzen, der Erfahrung, der Wahrnehmung dessen, was einem begegnet. Das Gedicht ist kein Schutz, kein Kleid, keine Waffe. Das Gedicht macht uns nackt. Wie das kleine Etwas, das sich vom ersten Text an durch das Buch schleicht, sich windet und wandelt, wie ein neugieriges Kind, das immer neue Formen ausprobiert, bis es dann schmerzhaft feststellen muss, dass es alt geworden, gewachsen ist, sich verfestigt hat und vergeht. Mit dem Buch hat man die Möglichkeit, zu sehen, dass man, wenn man lebt, wenn man dichtet, wenn man spricht, etwas weitergegeben hat, weitergibt. Ganz automatisch. Im Gedicht steckt schon der Leser, der verschlingt, so wie der Schreiber zuvor verschlungen hat, verschlungen worden ist. Lebendig. Mit Haut und Haar. Ob man will oder nicht. Und das Gedicht macht etwas mit uns. Es ist ein Sprechen in uns, das uns auslöscht und Platz schafft für eine Welt jenseits der Egos, jenseits des bloß emphatischen Hier und Jetzt. Im besten Fall macht es uns durchlässig für die Sprache.

Aus dieser Freiheit etwas
Anderes zu machen,
Ein anderes hier,
Ein anderes du,
Etwas.

Inhalt

Über dem Himmel

Matthias Göritz:

www.lyrik-kabinett.de
www.hanser-literaturverlage.de

1. Auflage 2019

ISBN 978-3-446-26264-5
© Aleš Šteger
Alle Rechte der deutschen Ausgabe
© 2019 Carl Hanser Verlag GmbH & Co. KG, München
Umschlag und Foto: Peter-Andreas Hassiepen, München
Satz im Verlag
Druck und Bindung: Memminger MedienCentrum, Memmingen
Printed in Germany

MIX
Papier aus verantwor-
tungsvollen Quellen
FSC
www.fsc.org   FSC® C022176